# しゃべらなくても楽しい！
# シニアの
# 筋力アップ
# 体操50

JN033175

斎藤道雄 著

黎明書房

# はじめに

## 体操という遊びを楽しむために

この本は，
① デイサービスや老人介護施設などの現場で，
② 新型コロナによる外出自粛や，三密（密閉，密集，密接）を避ける必要から，
③ 運動不足に陥りやすいシニアと，その支援者が，
④ より安全に，より安心して，より楽しく，
⑤ 体を動かして，健康づくりをするための本です。
⑥ そしてもちろん，シニアご自身での健康づくりにもおススメします。

かんたんに自己紹介します。
ムーヴメントクリエーターの斎藤道雄です。
介護現場で体操支援の仕事をしています。
体操のモットーは，「楽しくなければ動かない」。
指導歴は約 30 年。
対象者は，自立から要介護レベルまでのシニアの方です。
現場では「シニアの出席率が最も高い活動の時間」として評価されています。

新型コロナ感染拡大後，ボクは，しゃべらないで体操するようになりました。
言葉による説明や指示はありません。
すべて身振り手振りだけで，伝えます。
**感染予防として，声を出さない**ようにしたのです。

「まるでパントマイムを見ているみたい！」
「言わなくても，ちゃんとわかるんですね！」
「これなら（感染リスクが少なくて）安心です！」
「（シニアの）みなさんが，最後までよく（先生を）見ていてスゴイ！」

実際に，しゃべらない体操を見た，現場スタッフの感想の言葉です。

このように，**しゃべらなければ，いいことがたくさんある**ことがわかりました！

　なので，ここで提案します！

**「しゃべらないで体操してください！」**

　するとどうなるか？

　支援者は，**必然的に身振り手振りや表情を駆使する**ようになります。

　その支援者の姿を見れば，シニアは必ず何かを感じます。
　つまり，**シニアの「感じる力を引き出す」**のです。

　支援者が表現して，シニアが感じる。
　なんだかワクワクしてきませんか？
　**体操は表現して感じる遊び。**
　ボクは，そう思って体操しています。

　いくつになっても遊びは楽しいもの。
　童心にかえったつもりで，遊びを楽しみましょう！
　**楽しんだ後には，心身の健康が待っていますから！**

※はじめに，「いっしょにマネしてください！」と言ってもオッケーです。その一言
　　だけで，あとはすべてマネしてもらえるようになります。
※「コラム」「おわりに」にも，おもしろくてためになるエピソードが満載です。
※ここに書ききれないので，「しゃべらなくても楽しい体操」の効用は，『しゃべら
　　なくても楽しい！　シニアの座ってできる健康体操50』を読んでください！

# この本の 10 の特長

1　要介護シニアでもあきずに楽しめる，とてもかんたんな体操です。

2　おもに力をつけて，筋力を維持する体操がメインです。

3　特に，介護現場で楽しく健康づくりを推進するのにとてもおススメです。

4　もちろん，シニアお一人さまでも活用できます。

5　支援者から体操の指示や説明は必要ありません。身振り手振りで伝えます。

6　道具や準備は一切不要です。

7　椅子に腰掛けたままで，安全にできます。

8　立ったり，寝転んだりするようなむずかしい動作は一切ありません。

9　すべての体操が，かんたんな動作だけで，心身機能がよく働きます。

10　「みちお先生のここがポイント！」では，体操の極意がわかります。

# この本の使い方

1　朝の体操や準備運動，ちょっとした空き時間におススメの体操をしましょう！

2　活動時間や体調に合わせて，体操を増やしたり減らしたりしましょう！

3　おススメの体操を入れ替えて，オリジナルの体操メニューをつくりましょう！

| おススメの体操 | ⑧　足ドン！　→ 16 ページ | |
| | ⑬　若返りウォーク→ 22 ページ | |
| | ㉒　ぜーんぶひらいて→ 31 ページ | |
| | ㉜　カラダちょいしぼり→ 41 ページ | |
| | ㊾　吸い上げて深呼吸→ 59 ページ | |

# もくじ

≡ Ⅲ 指を伸ばす，つかむ力

≡ Ⅳ よい姿勢を保持する力

## Ⅴ　リラックス, リフレッシュ

# **①** おんぶのポーズ

子どもをおんぶするようにして，しっかりと両足で踏ん張りましょう！

**ねらい**と**ききめ**　（足腰強化）

**すすめかた**

① 子どもをおんぶするような姿勢で，両手を後ろにしましょう！

② 両足の足裏に力を入れて，しっかりと両足で踏ん張りましょう！

③ 力をゆるめて一休みします。4回繰り返しましょう！

4回繰り返す

**みちお先生のここがポイント！**

・足指とかかとで床を押すような意識を持ちましょう！

・両手を後ろにするのがむずかしいときは，両手を腰に置いてしてもオッケーです。

# ② かかとで押して

つまさきを上に持ち上げて，かかとを下に押し込むように力を入れましょう！

**ねらいとききめ**　足腰強化　足首の柔軟性維持

**すすめかた**

① 足を閉じて，両手をひざに置きましょう！
② 両足のつまさきを上に持ち上げて，かかとで床を押すように力を入れましょう！
③ 力をゆるめて一休みします。4回繰り返しましょう！

４回
繰り返す

**みちお先生のここがポイント！**

・なるべく浅く腰掛けてしましょう！　動作がしやすくなります。
・ひざの真下にくるぶしがくるようにしましょう！

# ❸ かかとひらいて内またのポーズ

**両足を前に伸ばして，ももを内側にねじりましょう！**

**ねらいとききめ**　（ 股関節<small>こ かんせつ</small>の柔軟性維持 ）（ 足腰強化 ）

**すすめかた**

① 　足を肩幅にひらいて，両足を前に伸ばしましょう！

② 　かかとを床につけたままで，内またにするようにももを内側にねじりましょう！

③ 　元に戻して一休みします。4回繰り返しましょう！

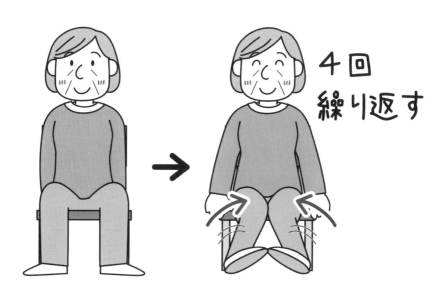

4回
繰り返す

**みちお先生のここがポイント！**

・なるべく椅子に浅く腰掛けてしましょう！　動作がしやすくなります。

・ももに意識を集中しましょう！

11

# ④ チョコっと四股ふみ

**四股をふむような感じで，かかとを上げ下げしましょう！**

**ねらいとききめ**　（足腰強化）（足裏感覚維持）

**すすめかた**

① 両手をひざに置いて，足を肩幅より広めにひらきましょう！
② つまさきを床につけたままで，かかとだけを持ち上げて，少し強めにドンと落としましょう！
③ 一休みします。交互に２回ずつしましょう！

２回ずつ
繰り返す

ドン

**みちお先生のここがポイント！**

・足裏に意識を集中しましょう！
・足裏に刺激を感じましょう！

# ⑤ つまさきは遠くに

**片足を斜め前に伸ばして，力を入れてつまさきを下に押しましょう！**

**ねらいとききめ**　足腰強化　足首の柔軟性維持

## すすめかた

① 足を肩幅にひらいて，片足を斜め前（45 度）に伸ばしましょう！

② つまさきで床を押すように力を入れましょう！

③ 心の中で 3 つかぞえて一休みします。左右交互に 2 回ずつしましょう！

**みちお先生のここがポイント！**

・①のときに，ひざを伸ばすようにしましょう！

・なるべく椅子に浅く腰掛けてしましょう！

# ⑥ らくーに立てちゃうんです

**上体を前に倒して，椅子から立ち上がる寸前で止まりましょう！**

**ねらいとききめ**　足腰強化　股関節の柔軟性維持

**すすめかた**

① 　両手をひざに置いて，ゆっくりとおじぎをしましょう！
② 　椅子から立ち上がるギリギリのところでストップしましょう！
③ 　元に戻して一休みします。４回しましょう！

**みちお先生のここがポイント！**

・できるだけ頭を前に出して腰を浮かす意識を持ちましょう！
・むずかしいときは，①のときにおしりに力を入れるだけでもオッケーです。

# **❼ 押し返してふくらはぎくん**

両足のかかとを上に持ち上げながら，両手でひざを下に押しましょう！

**ねらいとききめ**　ふくらはぎ強化　足首のストレッチ

**すすめかた**

① 足を肩幅にひらいて，手をひざに置きましょう！
② 両足のかかとを上に持ち上げて，両手でひざを下に押し返しましょう！
③ 一休みします。同様に４回繰り返しましょう！

４回
繰り返す

**みちお先生のここがポイント！**

・②のときに，なるべくひじを伸ばすようにしましょう！
・腕だけでなく，上体の重みで押すように意識しましょう！

# ⑧ 足ドン！

片足を上に持ち上げて，勢いよく床をふむ動作を交互に繰り返しましょう！

**ねらいとききめ** 　`足裏刺激` 　`足腰強化`

## すすめかた

① 　足を肩幅にひらいて，両手をひざに置きましょう！
② 　片足を上に持ち上げて，力強くドンと床をふみましょう！
③ 　左右交互に８回しましょう！

## みちお先生のここがポイント！

・足裏の感覚に意識を集中しましょう！
・片足を上げたときに，バランスをくずさないように。

# ⑨ かかとたかくつまさきつよく

かかとを上に持ち上げて，つまさきで床を押すようにして力を入れましょう！

**ねらい**と**ききめ**　（ 足首の柔軟性維持 ）（ ふくらはぎ強化 ）

## すすめかた

① 　両ひざの真下にかかとがくるように座りましょう！
② 　両足のつまさきで床を押すようにして，かかとだけを上に持ち上げましょう！
③ 　元に戻して一休みします。この動作を４回繰り返しましょう！

４回
繰り返す

**みちお先生のここがポイント！**

・なるべくゆっくりとていねいに動作しましょう！　運動効果が高くなります。
・上体が前に倒れないように。

# ⑩ 足指さんにぎりましょう

全部の足指を曲げるようにして，足指をグーにしましょう！

**ねらいとききめ**  〔足指の巧緻性維持〕

**すすめかた**

① 足を肩幅にひらいて，片足を一歩前に出しましょう！
② 足指をグーにします。なるべく全部の足の指を曲げるように意識しましょう！
③ 一休みして，反対の足も同様にしましょう！

ぐっ

**みちお先生のここがポイント！**

・かかとは床につけたままでオッケーです。
・くつをはいたままでもできます。

# コラム①

# シニアが感動する体操の仕方

体操とは感動です。
ボクの言う感動とは，**「感じて動く」**という意味です。
では，どうやってシニアを感動に導くのか？
答えは，**「目を見る」**です。


たとえば，グーパーをするとき。
ボクがグーをするときに，誰かの目を見ます。
そして，その人に手のひらを向けてパーを出します。
そのまま2，3秒間静止。
相手の反応は次の3パターンに分かれます。


①　笑う（よろこぶ）
②　驚く
③　リアクションなし


①は，ボクに見られてうれしい人。
②は，ボクに見つめられてドキドキする人。
③は，外見だけではわかりませんが，もしかしたら驚きすぎて何もできないのかもしれません。または，よろこびが表情には出ないのかもしれません。
これを，相手を変えながらランダムに繰り返します。
誰が，いつ，ボクと目が合うかわかりません。


**目を見てシニアを感動させちゃいましょう！**
ただし，怖い顔にならないように，やさしい笑顔でどうぞ！

# ⑪ 足の甲伸びるんです

片足を一歩後ろに引いて，足の甲を伸ばしましょう！

**ねらい**と**ききめ**　（足指の血行促進）

## すすめかた

①　足を腰幅にひらいて，片足を一歩後ろに引きましょう！

②　足の甲を床に押し付けるようにして足の甲を伸ばしましょう！

③　一休みします。反対の足も同様にしましょう！

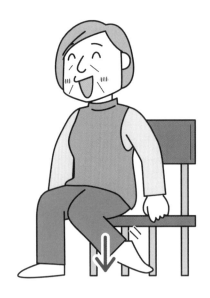

### みちお先生のここがポイント！

・できれば，少し浅く腰掛けてしましょう！

・両手で椅子を押さえてすると，体が安定して安全です。

# ⑫ 足上げてひざ伸ばし

片足を上に持ち上げてひざを伸ばす動作を，交互に繰り返しましょう！

**ねらいとききめ** だいたい し とうきん （大腿四頭筋強化）

**すすめかた**

① 足を肩幅にひらいて，両手で椅子を押さえましょう！

② 片足を上に持ち上げて，ひざを伸ばしましょう！

③ 元に戻して一休みします。左右交互に４回ずつしましょう！

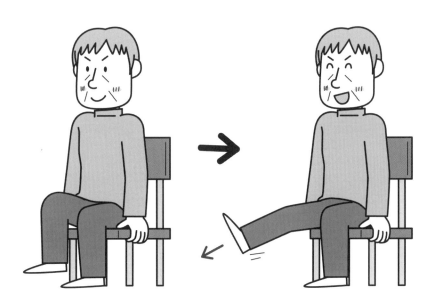

**みちお先生のここがポイント！**

・②のときに，かかとを前に押し出す意識を持ちましょう！

・片足を上げるのがむずかしいときは，かかとを床につけたまましても
オッケーです。

# ⓲ 若返りウォーク

背筋をピンと伸ばして，両腕を前後に振って元気に足ぶみしましょう！

**ねらいとききめ**　足腰強化　姿勢保持

**すすめかた**

① 背筋をピンと伸ばして，胸を張りましょう！
② 両腕を前後に振って，足ぶみしましょう！
③ ８歩足ぶみしたら，一休みします。４回繰り返しましょう！

**みちお先生のここがポイント！**

・なるべく大きく腕を振るようにしましょう！
・自分の中で一番いい顔でしましょう！

# ⑭ 胸まで上がれ

**両手でひざをつかんで，ひざを上に持ち上げましょう！**

**ねらい**と**ききめ**　股関節の可動域維持

## すすめかた

① 両手でひざをつかみます。両手の力を使って，ひざを上に持ち上げましょう！

② なるべく，ひざが胸に近づくようにしましょう！

③ 元に戻して一休みします。左右交互に２回ずつしましょう！

### みちお先生のここがポイント！

・バランスをくずさないように注意しましょう！

・①のときに，背中が丸まらないようにしましょう！

# ⑮ おしりでGO！

椅子に浅く腰掛けたり，深く腰掛けたりを繰り返しましょう！

**ねらいとききめ**　（ 臀筋強化 ）（ 股関節の柔軟性維持 ）
でんきん

**すすめかた**

① 　足を肩幅にひらいて，両手をひざに置きましょう！

② 　浅く腰掛けたり，深く腰掛けたりして，おしりを前後に移動させましょう！

③ 　一休みします。この動作を４回繰り返しましょう！

**みちお先生のここがポイント！**

・両手で椅子をつかんですると，より安全にできます。

・なるべく上体が左右に倒れないようにしましょう！

# ⑯ つまさき歩き

背筋を伸ばして，つまさき立ちで足ぶみしましょう！

**ねらいとききめ**　　足首のストレッチ　　ふくらはぎ強化

**すすめかた**

① ひざのちょうど真下に足首がくるように足を置きましょう！

② かかとを上に持ち上げて，つまさきだけで足ぶみしましょう！

③ 8歩足ぶみしたら，一休みします。4回しましょう！

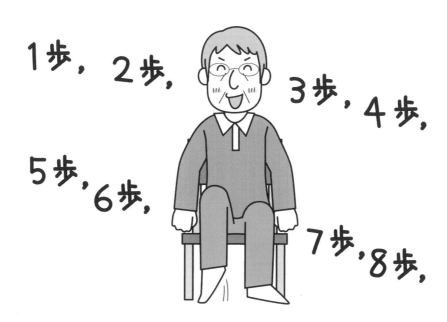

1歩，2歩，3歩，4歩，5歩，6歩，7歩，8歩，

**みちお先生のここがポイント！**

・なるべく背筋を伸ばしてしましょう！

・足音をたてないように動作すると，より効果的です！

# ⑰ もも上げて

**両手で椅子を押さえて，左右交互にひざを上に持ち上げましょう！**

**ねらいとききめ** 　足腰強化 　股関節の柔軟性維持

## すすめかた

①　両手で椅子を押さえて，体を安定させましょう！
②　左右交互に，ひざを上に持ち上げましょう！
③　4回ずつしましょう！

**みちお先生のここがポイント！**

・できるだけゆっくりとていねいに動作しましょう！
・背筋を伸ばしてしましょう！　股関節がよく動きます。

# ⑱ 両足おしくらまんじゅう①

片足の上に反対の足を重ねて，足どうしで上下に押し合いましょう！

**ねらいとききめ**　（足首強化）

**すすめかた**

① 足を閉じて，かかとを床につけたまま，左足（の親指）の上に右足（の親指）を重ねましょう！

② 両足に力を入れて，足どうしで上下に押し合いましょう！

③ 力をゆるめて一休みします。上下の足を入れ替えてしましょう！

**みちお先生のここがポイント！**

・なるべく浅く腰掛けてしましょう！　（動作しやすくなります）

# ⑲ 両足おしくらまんじゅう②

両足を前に伸ばして足を閉じて，足どうしで押し合いっこしましょう！

**ねらいとききめ** 〔足腰強化〕

**すすめかた**

① 両足を前に伸ばして足を閉じましょう！
② 両足に力を入れて足どうしで押し合いましょう！
③ 力をゆるめて一休みします。4回繰り返しましょう！

**みちお先生のここがポイント！**

・かかとを床につけたままでオッケーです！
・なるべく浅く腰掛けてしましょう！

# ⑳ あっちこっちに腕振って

胸を張って，両腕を前後に振ったり左右に振ったりしましょう！

**ねらいとききめ**　(肩の柔軟性維持)

**すすめかた**

① 足を肩幅にひらいて，胸を張りましょう！

② 歩くようなつもりで両腕を前後に振りましょう！

③ 両腕を左右に振りましょう！　各8回ずつしましょう！

**みちお先生のここがポイント！**

・手だけの動作にならないように，肩から腕を動かしましょう！

・手がぶつからないよう十分に間隔を空けましょう！

# ㉑ 怪獣のポーズ

**全部の指をひらいて，意識を集中して指先だけを少し曲げましょう！**

**ねらいとききめ**　（手先の巧緻性維持）

**すすめかた**

① 両手を顔の前で，手のひらを前にしましょう！
② 全部の指をひらいて，ほんの少しだけ全部の指先を曲げましょう！
③ 一休みします。同様に４回繰り返しましょう！

**みちお先生のここがポイント！**

・指先に意識を集中しましょう！
・支援者は，ゴジラ（怪獣）のような感じでしましょう！
・変顔でしてもおもしろいです！

# ㉒ ぜーんぶひらいて

両手をパーにして，できるかぎり全部の指をひらきましょう！

**ねらいとききめ**　指の力強化　手先の器用さ維持

**すすめかた**

① 両腕を前に伸ばして，手のひらを下にしましょう！

② できるかぎり全部の指をいっぱいにひらきましょう！

③ 力をゆるめて一休みします。4回繰り返しましょう！

**みちお先生のここがポイント！**

・②のときに，特に親指と小指を外にひらくように意識しましょう！

・なるべく腕と肩の高さが同じになるようにしましょう！

# ㉓ 組み替えましょう

両手の指を組んで，指を組み替える動作を交互にしましょう！

**ねらいとききめ**　〔 手先の器用さ維持 〕

**すすめかた**

① 右手の親指が上になるようにして，両手の指を組みましょう！
② 左手の親指が上になるようにして，同様にしましょう！
③ この動作（①と②）を交互に４回ずつしましょう！

**みちお先生のここがポイント！**

・なるべく指の付け根まで指を入れるようにしましょう！
・ゆっくりとていねいに動作しましょう！

# ㉔ 美しすぎるグーパー

胸の前でグー，おでこの前でパーと，花が咲くように指を動作しましょう！

**ねらいとききめ**  ( 指のストレッチ ) ( 手先の巧緻性維持 )

**すすめかた**

① 足を肩幅にひらいて，両手を胸の前でグーにしましょう！

② 手のひらを上にして，両手をおでこの前でパーにしましょう！

③ 4回して一休みします。4セットしましょう！

**みちお先生のここがポイント！**

・バレーボールのトスのイメージでしましょう！

・②のときに，できるかぎり全部の指をいっぱいにひらきましょう！

# ㉕ 指先だけの押しずもう

両手の指先を合わせて，指先どうしで押し合いましょう！

**ねらいとききめ**　（指先の力強化）

**すすめかた**

① 胸の前で合掌して，両手の指先をつけたままで手のひらだけを離しましょう！
② 指先に意識を集中して押し合いましょう！
③ 力をゆるめて一休みします。4回しましょう！

**みちお先生のここがポイント！**

・なるべくひじと肩の高さを同じくらいにしましょう！

# ㉖ 指先集中

指先に意識を集中して，まっすぐに指を伸ばしましょう！

**ねらい**と**ききめ**　　指のストレッチ　　手先の器用さ維持

**すすめかた**

① 　足を肩幅にひらいて，両手を胸の前で軽く握りましょう！
② 　なるべくまっすぐに，小指から親指まで順に一本ずつ指を伸ばしましょう！
③ 　一休みします。4回しましょう！

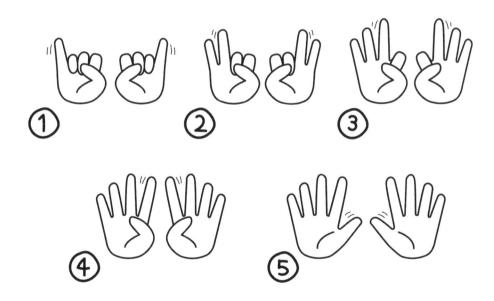

**みちお先生のここがポイント！**

・急がないように。ゆっくりとていねいに指を動作しましょう！
・まっすぐに伸びなくても，あまり気にせずにしましょう！

# ㉗ にぎってグーーー！

できるかぎり全部の指を力強く曲げて，手を強くにぎりましょう！

**ねらいとききめ**　　（握力強化）

**すすめかた**

① 片手を前に出して，ひじを軽く曲げましょう！
② できるかぎり強く，全部の指を曲げて，手をにぎりましょう！
③ 力をゆるめて一休みします。反対の手も同様にしましょう！

**みちお先生のここがポイント！**

・親指以外の指で親指をつかむように手をにぎりましょう！

# ㉘ ひとりキャッチボール

全部の指で包み込むように，パーでグーをしっかりとつかみましょう！

**ねらいとききめ** 　（ 指先の力強化 ）

**すすめかた**

① 片手をグー，反対の手をパーにしましょう！
② パーの全部の指をひらいて，グーの手をしっかりにぎりましょう！
③ 左右の手を替えて，4回ずつしましょう！

**みちお先生のここがポイント！**

・ボールをキャッチするイメージでしましょう！

# ㉙ つかんで持ち上げて

両手で椅子をつかんで，上に持ち上げるようにして力を入れましょう！

**ねらいとききめ**　　（握力強化）

**すすめかた**

① 両腕を下に伸ばして，両手で椅子をつかみましょう！

② 椅子を上に持ち上げるようにして，両手に力を入れましょう！

③ 力をゆるめて一休みします。この動作を４回繰り返しましょう！

**みちお先生のここがポイント！**

・手だけでなく，腕から動かすように意識しましょう！

# ㉚ 力こぶできるかな

力こぶをつくるような気持ちで腕を力強く曲げましょう！

**ねらいとききめ**　（上腕二頭筋強化）

**すすめかた**

① 　片腕を横に伸ばして，手のひらを上にしましょう！

② 　手をグーにして，力こぶをつくるような気持ちで，腕を力強く曲げましょう！

③ 　一休みします。反対の手も同様にしましょう！

**みちお先生のここがポイント！**

・息を止めないように。自然に呼吸をしましょう。

・自分の中で一番のいい顔をしましょう！

# ㉛ ステキなポーズ

きをつけのポーズをして，背筋をまっすぐにピンと伸ばしましょう！

**ねらいとききめ**　（上腕二頭筋強化）

**すすめかた**

① 　足を閉じて，両手をひざに置きましょう！
② 　胸を張って，深呼吸しましょう！
③ 　一休みします。4回繰り返しましょう！

**みちお先生のここがポイント！**

・深呼吸のときに，鼻から息を吸い上げるようにしましょう！

# ㉜ カラダちょいしぼり

足を組んで，胸を張って深呼吸をしましょう！

**ねらいとききめ**　（体側のストレッチ）

**すすめかた**

① 　足を組んで，両手をひざの上に置きましょう！
② 　なるべく胸が正面を向くようにして胸を張りましょう！
③ 　深呼吸を1回します。足を組み替えて，2回ずつしましょう！

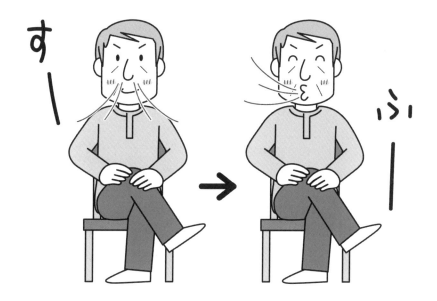

**みちお先生のここがポイント！**

・鼻から上に吸い上げるように，深呼吸しましょう！

# ㉝ 大の字のポーズ

**足を肩幅にひらいて，両腕を横に伸ばして胸をいっぱいにひらきましょう！**

**ねらいとききめ**　胸や腕のストレッチ

## すすめかた

① 足を肩幅にひらいて，つまさきを外（45 度）にひらきましょう！
② 胸を張って，両腕を横に伸ばして手のひらを下にしましょう！
③ 深呼吸を１回します。一休みして，②と③を４回繰り返しましょう！

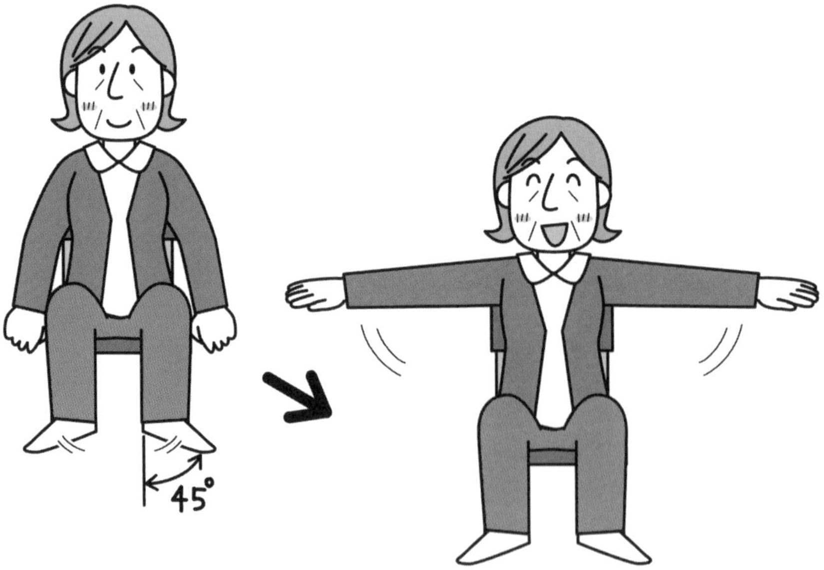


**みちお先生のここがポイント！**

・②のときに，なるべく腕と肩の高さが同じになるようにしましょう！

# ㉞ 背もたれつかんで胸張って

両手で背もたれをつかんで，胸を張りましょう！

**ねらいとききめ**　姿勢保持　肩の柔軟性維持

**すすめかた**

① 椅子に浅く腰掛けましょう！

② 両腕を後ろに伸ばして，両手で椅子の背もたれをつかんで，胸を張りましょう！

③ 力をゆるめて一休みします。この動作を4回繰り返しましょう！

**みちお先生のここがポイント！**

・余裕があれば，なるべく背もたれの上の方をつかむようにしましょう！

# ㉟ 押し合いっこしましょう①

両手を頭の後ろで組んで，頭と手に力を入れて押し合いましょう！

**ねらいとききめ** 〔肩や首の強化〕

**すすめかた**

① 胸を張って，頭の後ろで両手の指を組みましょう！
② 頭は後ろに，両手は前に力を入れて押し合いましょう！
③ 一休みします。4回繰り返しましょう！

頭は
後ろに

両手は
前に

**みちお先生のここがポイント！**

・あまり力みすぎないように。ゆっくりとていねいにしましょう！
・①のとき，むずかしければ，指を組まないでしてもオッケーです！

# ㊱ 押し合いっこしましょう②

片手をこめかみにあてて，頭と手で押し合いしましょう！

**ねらい**と**ききめ**　（首の筋力維持）

**すすめかた**

① 片手を顔の横にして，こめかみに手のひらをあてましょう！

② 頭と手に力を入れて両方で押し合いましょう！

③ 力をゆるめて一休みします。反対側も同様にしましょう！

**みちお先生のここがポイント！**

・はじめから力を入れすぎないように。徐々に力を入れましょう！

# 37 若返りのポーズ

**胸を張って両手を頭の後ろに置いて，ゆっくりと胸を横に向けましょう！**

**ねらいとききめ** 姿勢保持 血行促進

## すすめかた

① 両手を頭の後ろに置いて，胸を張りましょう！

② なるべく胸を真横に向けるつもりで，上体をひねりましょう！

③ 深呼吸を１回します。反対側も同様にしましょう！

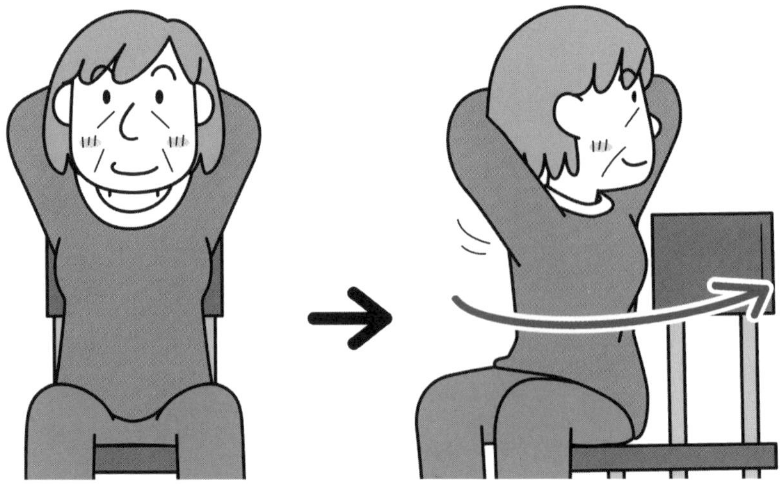

## みちお先生のここがポイント！

・②のときに，上体が前に倒れないようにしましょう！

・ゆっくりとていねいに動作しましょう！

# ㊳ 背筋伸ばして

背筋をまっすぐにピンと伸ばして，深呼吸をしましょう！

**ねらいとききめ**  （姿勢保持）（胸のストレッチ）

**すすめかた**

① 　両腕を下に伸ばして，腕と肩の力を抜いてリラックスしましょう！

② 　背筋をまっすぐにピンと伸ばして，深呼吸を１回しましょう！

③ 　一休みします。４回繰り返しましょう！

**みちお先生のここがポイント！**

・②のときに，胸を張りましょう！

・鼻から息を吸い上げるように深呼吸しましょう！

47

# ㊴ 背伸びの合掌

両腕を上に伸ばして，頭の上で両手を合わせましょう！

**ねらいとききめ**　（姿勢保持）（肩の柔軟性維持）

**すすめかた**

① 両腕を上に伸ばして，頭の上で手のひらを合わせましょう！
② 胸を張って，深呼吸を1回しましょう！
③ 一休みします。4回しましょう！

**みちお先生のここがポイント！**

・①のときに，なるべく腕を耳の横にしましょう！
・①の動作がむずかしいときは，手の位置を下げてもオッケーです！

# ㊵ アンテナのポーズ

両手をパーにして，両腕を上に伸ばしましょう！

**ねらいとききめ**　　( 姿勢保持 )( 血行促進 )

**すすめかた**

① 足を肩幅にひらいて，胸を張りましょう！

② 両腕を上に伸ばして，全部の指をいっぱいにひらきましょう！

③ 深呼吸を1回して一休みします。この動作を4回繰り返しましょう！

**みちお先生のここがポイント！**

・②のときに，とくに親指と小指をひらくようにしましょう！

## コラム②

# シニアがよろこぶ表情のつくりかた

「シニアによろこんでほしい」
そう思う人に，**「驚きの表情」**をおススメします。
　ボクがよくするのは，片手で人差し指，反対の手で中指を伸ばす動作。シニアはそれを見て，ボクのマネをします。

　実はこれ，よ〜く見ないと両手が同じ指だと思って勘違いします。（この場合は，両手が人差し指だと勘違いしやすい）

　指を間違えている人を発見したらどうするか？
**「なんか変だぞ〜」**という顔でその人を見ます。
　すると，すぐに間違えに気づくのです。指も修正します。

　**それを見たボクは，「スゴい！」と，驚きの表情をします。**
声は出しません。リアクションだけです。
それもかなりおおげさに。
**「おー！」**というよりも**「おーーーーー！」**です。
すると，本人もホッとしたように笑います。

　たとえ言葉がなくても，こんなやりとりができます。
**表情には，こんなスゴイ効果があります。**
シニアがよろこぶ「驚きの表情」。
ボクのおススメです。

# ㊶ 手招きのホイホイ

**手のひらを上下に動かして，手首を曲げる動作を繰り返しましょう！**

**ねらいとききめ**　　`手首の柔軟性維持`

## すすめかた

① 　片腕を前に伸ばして，手のひらを前にしましょう！

② 　指先を真下に向けるようにして，手首を曲げましょう！

③ 　この動作（①②）を左右交互に４回ずつしましょう！

**みちお先生のここがポイント！**

・なるべく全部の指をひらきましょう！

・ひじを伸ばしてすると効果的です！

51

# ㊷ 天使のはね

胸を張って，ひじを後ろに引いて，天使がはねを動かすように肩甲骨を引き寄せましょう！

**ねらいとききめ** 〔 肩や背中の柔軟性維持 〕

**すすめかた**

① 両腕を下に伸ばして，腕と肩の力を抜いてリラックスしましょう！

② 肩甲骨を寄せるようにして，肩を後ろに引きましょう！

③ 力をゆるめて戻します。この動作を4回しましょう！

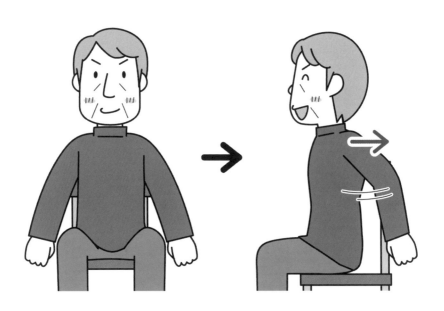

**みちお先生のここがポイント！**

・②のときに，肩甲骨を意識して動かしましょう！

・ゆっくりとていねいに動作しましょう！

# ㊸ 体側伸ばし

片腕を真上に伸ばして，手のひらを外に向けて体の横を伸ばしましょう！

**ねらいとききめ**　体側のストレッチ　肩の柔軟性維持

**すすめかた**

① なるべくまっすぐ真上に片腕を伸ばしましょう！
② 全部の指をいっぱいにひらいて，手のひらを外に向けましょう！
③ そのままで深呼吸を1回します。一休みして，反対の腕も同様にしましょう！

**みちお先生のここがポイント！**

・①のときに，手だけでなく腕を上に持ち上げるように意識しましょう！
・②のときに，上体が横に倒れないように。

# ㊹ 耳まで届くかな

**両肩を上に持ち上げて，深呼吸しましょう！**

**ねらいとききめ**　血行促進　肩や背中の柔軟性維持

## すすめかた

① 　両腕を下に伸ばして，腕と肩の力を抜いてリラックスしましょう！

② 　息を吸いながら，なるべく耳の近くまで，両肩を上に持ち上げましょう！

③ 　はくときに両肩を下げましょう！　一休みして，この動作を４回しましょう！

### みちお先生のここがポイント！

・息をはくときに，力をゆるめましょう！

# ㊺ バランスとれるかな

椅子に腰掛けたまま，片足立ちでバランス感覚を養いましょう！

**ねらいとききめ**　足腰強化　バランス力維持

**すすめかた**

① 両手を腰に置いて，足とひざを閉じましょう！

② 片足を少し上に持ち上げて，心の中で３つかぞえましょう！

③ 一休みして，反対の足も同様にしましょう！

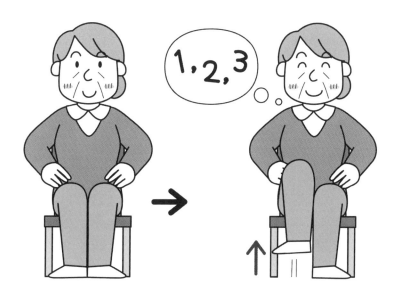

**みちお先生のここがポイント！**

・少し浅く腰掛けてしましょう！　運動効果が上がります。

・足の高さは，足裏が床から離れるぐらいでオッケーです。

・支援者は，指で３つかぞえましょう！

# ㊻ ほっこり肩回し

**両手を肩に置いて，両ひじを前から後ろへ大きく回しましょう！**

**ねらいとききめ** 〔 肩の柔軟性維持 〕

**すすめかた**

① 胸を張って，両手を肩に置きましょう！
② 両ひじを前から後ろへなるべく大きく回しましょう！
③ 一休みします。4回しましょう！

**みちお先生のここがポイント！**

・両手が肩に届かない場合は，ひじを曲げてしてもオッケーです。
・両ひじを前から上へ，動かすイメージでしましょう！

# ㊼ にぎったりゆるめたり

できるかぎり両手を力強くにぎって，一気に力をゆるめましょう！

**ねらいとききめ** 　(全身の脱力)

## すすめかた

① 　足を肩幅にひらいて，両腕を下に伸ばしましょう！
② 　両手をグーにして，できる限り力強くにぎりましょう！
③ 　両手の力をゆるめて，腕と肩の力を抜いてリラックスしましょう！　4回しましょう！

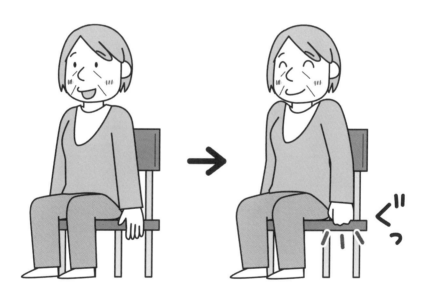

**みちお先生のここがポイント！**

・なるべく②と③のギャップを大きくしましょう！

# ㊽ たのしすぎるグーパー

マジメな顔でグー，変顔でパー，グーパーを楽しんでしましょう！

**ねらいとききめ** 〔手先の器用さ維持〕

**すすめかた**

① マジメな顔で，胸の前で両手をグーにしましょう！

② 変顔で，両腕を前に伸ばして，両手をパーにしましょう！

③ 4回して一休みします。4セットしましょう！

**みちお先生のここがポイント！**

・なるべくゆっくりとていねいに指を動かしましょう！

・変顔のかわりに，笑顔でしてもオッケーです！

# ㊾ 吸い上げて深呼吸

**鼻から息を上に吸い上げるようにして，深呼吸を繰り返しましょう！**

**ねらいとききめ**　　( 姿勢保持 ) ( 血行促進 )

### すすめかた

①　両手をひざに置いて，腕と肩の力を抜いて，リラックスしましょう！

②　鼻から息を上に吸い上げるようにして深呼吸をしましょう！

③　4回して一休みします。4セットしましょう！

## みちお先生のここがポイント！

・①のときに，手のひらを上にしましょう！　（脱力できます）

・息を吸うときに，少しあごを引くようにしましょう！

# ㊿ かべ押しのポーズ

**両手でかべを押すようにして，両腕を前に伸ばしましょう！**

**ねらいとききめ**　(腕や肩のストレッチ)

**すすめかた**

① 両腕を前に伸ばして，手のひらを前にしましょう！

② かべを押すようなつもりで，腕と肩を前に押し出しましょう！

③ 一休みします。4回しましょう！

**みちお先生のここがポイント！**

・なるべく腕と肩が同じ高さになるようにしましょう！

・実際に目の前にかべがあるイメージでしましょう！

# おわりに

## つまらない体操を楽しくする魔法

「体操がつまらない」
そうお悩みの介護現場のスタッフの方に，お伝えしたいことがあります。
それは，つまらない体操を楽しくする魔法です。

結論から言います。
**「○○してはいけない」をやめる**こと。

「体操がつまらない」という人には，ある共通の考えがあります。
その考えとは？

「体操を間違えてはいけない」「体操をきちんとやらなければいけない」
「シニアをあきさせてはいけない」「シニアを笑わせなくてはいけない」
「つまらないことをしてはいけない」「シニアを居眠りさせてはいけない」
「すべて完璧にしなければいけない」

読んでみて，あることに気づきませんか？
これ，**全て否定文**なのです。

**これら全部，肯定文に変えちゃいましょう！**
すると，どうなるか？

「体操を間違えてもよい」「体操をきちんとやらなくてもよい」
「シニアをあきさせてもよい」「シニアを笑わせなくてもよい」
「つまらないことをしてもよい」「シニアが居眠りしてもよい」
「すべて完璧でなくてもよい」

これだけでも，かなり気が楽になりませんか。
ただし，くれぐれも誤解のないように。

「努力する必要なし」という意味ではありません。
まず「**自分の気持ちを整理**」しましょう。
そのうえで，「**楽しんで体を動かす**」ということです。

なぜ，ボクがこう断言するのか？　理由があります。
それは，ボクが経験者だからです。
「○○してはいけない」と，余計なプレッシャーを背負い込んでいました。

考えを変えてからは，すべてがウソのように好転しました！
「楽しかった！」「スッキリした！」「元気が出た！」
そう言って，体操に満足してくださるシニアが確実に増えたのです。

「シニアに一番人気なのが，みちお先生の体操です」
ある現場スタッフから聞いた話です。
それを聞いて，「自分の考えは正しかった」と確信しました。

もう一度繰り返します。
『体操を楽しくしたいと思うなら，「○○してはいけない」という考えを
やめましょう！』

　**体操は楽しい！**
　**楽しいからこそ，体を動かしたい！**
　これからも，そんな思いを伝えていきたいと思います。

　　令和３年３月
　　　　　　　　　　ムーヴメントクリエイター　斎藤道雄

## 著者紹介

### ●斎藤道雄

体操講師，ムーヴメントクリエイター。
クオリティ・オブ・ライフ・ラボラトリー主宰。
自立から要介護シニアまでを対象とした体操支援のプロ・インストラクター。
　体力，気力が低下しがちな要介護シニアにこそ，集団運動のプロ・インストラクターが必要と考え，運動の専門家を数多くの施設へ派遣。
　「お年寄りのふだん見られない笑顔が見られて感動した」など，シニアご本人だけでなく，現場スタッフからも高い評価を得ている。

[お請けしている仕事]
○体操教師派遣（介護施設，幼稚園ほか）　○講演　○研修会　○人材育成　○執筆

[体操支援・おもな依頼先]
○養護老人ホーム長安寮
○有料老人ホーム敬老園（八千代台，東船橋，浜野）
○淑徳共生苑（特別養護老人ホーム，デイサービス）ほか

[講演・人材育成・おもな依頼先]
○世田谷区社会福祉事業団
○セントケア・ホールディングス（株）
○（株）オンアンドオン（リハビリ・デイたんぽぽ）ほか

[おもな著書]
○『しゃべらなくても楽しい！　シニアの座ってできる健康体操50』
○『しゃべらなくても楽しい！　1,2分でできるやさしい特養体操50』
○『しゃべらなくても楽しい！　シニアの心身機能アップ体操50』
○『しゃべらなくても楽しい！　シニアの1,2分間認知症予防体操50』
○『一人でもできるシニアのかんたん虚弱予防体操50』
○『シニアの1,2分間運動不足解消体操50』
○『シニアの爆笑あてっこ・まねっこジェスチャー体操』
○『新装版　要支援・要介護の人もいっしょに楽しめるゲーム＆体操』
○『新装版　虚弱なシニアでもできる楽しいアクティビティ32』
○『少人数で盛り上がるシニアの1,2分体操＆ゲーム50』
○『椅子に腰かけたままでできるシニアのための脳トレ体操＆ストレッチ体操』
○『目の不自由な人も耳の不自由な人もいっしょに楽しめるかんたん体操25』（以上，黎明書房）

[お問い合わせ]
ホームページ「要介護高齢者のための体操講師派遣」：http://qollab.online/
ブログ「みちお先生のお笑い介護予防体操！」：http://qollab.seesaa.net/
メール：qollab.saitoh@gmail.com

＊イラスト・さややん。

しゃべらなくても楽しい！　シニアの筋力アップ体操50

2021年7月1日　初版発行

著　者　斎　藤　道　雄
発行者　武　馬　久仁裕
印　刷　藤原印刷株式会社
製　本　協栄製本工業株式会社

発　行　所　　株式会社　黎明書房
〒460-0002　名古屋市中区丸の内3-6-27　EBSビル　☎052-962-3045
FAX 052-951-9065　振替・00880-1-59001
〒101-0047　東京連絡所・千代田区内神田1-4-9　松苗ビル4階
☎03-3268-3470

| | |
|---|---|
| **しゃべらなくても楽しい！ シニアの座ってできる健康体操 50**<br><br>斎藤道雄著　　B5・63頁　1700 円 | 感染予防対策と楽しさを両立した，「しゃべらないでする健康体操」50 種を紹介。「ばんざいジャンケン体操」などの楽しい体操で，座ったまま，声を出さずに誰でも効果的に運動できます。2 色刷。 |
| **しゃべらなくても楽しい！ 1，2 分でできるやさしい特養体操 50**<br><br>斎藤道雄著　　B5・63頁　1700 円 | 「ひざ太鼓」「両ひざアップダウン」など，支援者のジェスチャーをマネするだけで出来る，特養でも楽しめる体操 50 種を紹介。座ったまま，誰でも簡単に出来るやさしい体操ブックです。2 色刷。 |
| **しゃべらなくても楽しい！ シニアの心身機能アップ体操 50**<br><br>斎藤道雄著　　B5・63頁　1700 円 | ウィズコロナ時代のシニアと支援者が安心して取り組める，「しゃべらないでする」体操を紹介。「ものまねお手玉」など，座ったまま身振り手振りで伝わる体操で，楽しく安全に運動できます。2 色刷。 |
| **しゃべらなくても楽しい！ シニアの 1，2 分間認知症予防体操 50**<br><br>斎藤道雄著　　B5・63頁　1700 円 | 声を出さず，支援者の身振り手振りを真似するだけで出来る，ウィズコロナ時代の新しいスタイルの体操 50 種を収録。椅子に座ったまま，お一人でも楽しく運動できます。2 色刷。 |
| **一人でもできる シニアのかんたん虚弱予防体操 50**<br><br>斎藤道雄著　　B5・63頁　1700 円 | 「あべこべ腕回し」など，一人〜少人数で出来る，コロナ時代に対応した体操 50 種を紹介。体を動かすのが苦手な人も，椅子に座ったまま楽しく虚弱予防！ 支援者のためのアドバイス付き。2 色刷。 |
| **シニアの 1，2 分間 運動不足解消体操 50**<br><br>斎藤道雄著　　B5・63頁　1650 円 | 椅子に腰かけたまま出来る，シニアの運動不足解消に役立つ体操 50 種を収録。「簡単。なのに，楽しい！」体操で，誰でも飽きずに運動できます。支援者のためのアドバイス付き。2 色刷。 |
| **シニアの爆笑あてっこ・まねっこ ジェスチャー体操**<br><br>斎藤道雄著　　B5・63頁　1650 円 | 簡単，短時間，準備不要！ そんな，三拍子そろった，スタッフもシニアも笑顔になれるジェスチャー体操 50 種を公開。1 人で出来る体操から元気に体を動かす体操まで，様々な場面で活用できます。2 色刷。 |
| **椅子に座ってできるシニアの 1，2 分間筋トレ×脳トレ体操 51**<br><br>斎藤道雄著　　B5・64頁　1650 円 | 右手と左手で違う動きを同時にしたり，口で「パー」と言いながら手は「グー」を出したり……，筋トレと脳トレがいっしょにできる体操を 51 種紹介。2 色刷。 |
| **椅子に座ってできる シニアの 1，2 分間筋トレ体操 55**<br><br>斎藤道雄著　　B5・68頁　1650 円 | ちょっとした空き時間に，椅子に腰かけてでき，道具も不要で，誰もが楽しめる筋トレ体操を 55 種収録。よい姿勢を保つ力，歩く力等がつくなど，生活に不可欠な力をつける体操が満載。2 色刷。 |

表示価格は本体価格です。別途消費税がかかります。